Fearon Teacher Aids, a division of **Pitman Learning, Inc.**

M. Sodaro

BIRDSEYE
WORD SKILLS:
VERBS AND ADVERBS

GRADES 4–6

PAULA GOLDSTEIN AND MERYL FELUREN BIBLIOWICZ

20 VOCABULARY AND USAGE ACTIVITIES
20 WORD HUNT PUZZLES

Mastery Masters™
Blackline Masters

CONTENTS

Double Trouble 1
Verb Hunt 3
Another Verb Hunt 5
Moving Right Along 7
Prefix Power 9
Homophones 11
It's in the Past 13
How Do You Rate? 15
Beat the Clock 17
What's Cooking? 19
Word Magician 21
Fire! Fire! 23
Juggling Adverbs 25
Fix the Adverbs 27
Altogether Different 29
No Difference 31
Collecting Adverbs 33
Which Is Right? 35
Sentence Chest 37
A Day at the Beach 39
Answer Key 41

Editorial director: Roberta Suid
Editor: Buff Bradley
Production manager: Patricia Clappison
Managing designer: Susan True
Cover and interior design adaptation: Ruth Scott
Manufacturing manager: Susan Fox
Illustrator: Bill Eral
Cover designer: Bill Nagel
Birdseye and other characters developed by Beverly Cory

Entire contents copyright © 1982 by Pitman Learning, Inc., 6 Davis Drive, Belmont, California 94002. Member of the Pitman Group. Permission is hereby granted to reproduce designated materials in this book for noncommercial classroom or individual use.

ISBN-0-8224-0712-4
Printed in the United States of America.

1.9 8 7 6 5 4 3 2

DOUBLE TROUBLE

Tweezle is having difficulty remembering when to double the final consonant before adding an ending. Tillie is trying to help him. She reminds him that a one-syllable word with a short vowel sound followed by a single consonant must double the final consonant before adding an ending that begins with a vowel. Help Tweezle fill in the chart and complete the sentences with the correct new word. The first one has been done for you.

	-ing	-ed	-s
clip	clipping	clipped	clips
hug			
dim			
slam			
grip			
grin			
scrub			

1. Joan is _____ grocery coupons from the newspaper.
2. The gusty wind is _____ the opened doors closed.
3. The little girl _____ her mother's hand tightly when she is scared.
4. Last night Anna _____ the lights before bringing out the birthday cake.
5. Yesterday Peter and I _____ the floor in the kitchen.
6. I kissed and _____ my grandfather when he gave me my birthday present.
7. The happy man _____ at everybody he sees.

DOUBLE TROUBLE WORD HUNT

Can you find the verb forms you wrote hidden in the puzzle? Look across, down, and diagonally for each word. The words may be hidden forward or backward.

```
B M U K J A Y B I S S U G L E E W I M V
T E T S N E H S F C G N N F T J O A J H
P A G C E O N L L R N R I Z Y Q X O E G
D D U G N A E A O U I M N Z R O G L H N
Y I G R E E N M R B G C N C B G A U G I
T M J A Y D G S I B G L I K I S M A I G
A S L F Q B R V D I U A R N P M J I N G
Z J M B I P I C W N H R G I E W T I A E
S L A M M I N G D G C A R D B O F F E B
A B J S N O N D D R E G N I P P I L C E
P Z M O S B E G R I P P E D M E G R F Y
L U C O N P D G D U A N I G N I M M I D
H R L Z P M N E L B H D N H S B U R C S
A O B I L I B E X F U E L D E G G O J M
Q I L K M B Y C I D G M M H U R S Y H T
B C I M U A C B B E G M M U I H U G S R
S W U R R L R V Y M E A L N B I N L U T
G H C J I B W L D M D L S I F B E G S K
O S A P J O C I J I I S B Z O C A G J S
J C S G R I N S E D A B G N I P P I R G
```

VERB HUNT

Tillie likes to hunt for things. Tweezle has hidden verbs in the backyard for her to find. Tillie is busily looking for verbs that end in *y*. When Tillie finds them, she adds the suffixes *-es*, *-ed*, and *-ing* to each one. Tillie remembers the rule for adding suffixes to words that end in *-y*: For words ending in *-y*, change the *-y* to *-i* when there is a consonant before the *-y* and the suffix begins with any letter other than *-i*. First, fill in the chart adding each suffix. Then, fill in the blanks to complete the sentences correctly.

	-es	-ed	-ing
bury			
cry			
scurry			
tidy			
multiply			
carry			

1. The tiny squirrel _____ off to hide some nuts in the woods for winter.
2. Mae _____ up her messy room yesterday.
3. The dog is _____ his bone in the garden so that he will be able to chew it later.
4. Elaine always _____ decimals correctly.
5. The baby usually _____ when she has to take a nap.
6. Mark is _____ the groceries to the kitchen.

VERB HUNT WORD HUNT

Can you find the verb forms you wrote hidden in the puzzle? Look across, down, and diagonally for each word. The words may be hidden forward or backward.

```
C G E J N Y A D S L T B A N C Y I F E L T K R P C
A B R T F C E S A H I F G A U M G L U H A S N R I
R R U B L Z J A T E D E N M R J Z M R E E E I S N
R W F R Q J A T I J I D I Y T I R I N I N E N G M
I Y N E I K O Z S U E B Y N S J A K F M D A B N G
E B P H K E P F F A S X R K I K L S M A C U Q S S
S V S U X G S O I N I M R L E M I M N A L U L E O
R Q E D L D J I E A V U A J D T H G R E A M Q N F
S C U R R I E S D K Y L C W A T Q R T L W U J N N
R A W D K A G C P N M T B S U U I O I S O L O R Y
S C U R T S Y I N G O I L C V E H F H E A T E W B
C V D S L E B H M H V P S L S X I A U C T I N B U
U T M C L I N R Z U Y L C U A E D B R B U P A T R
R A M F B U C W N R M I U S D Q R E R C P L B C Y
T C D R F A Z O D R X E R K E U V N I W M I K U I
S T E S X Q E E O I B D R I I P W Q E R E E D V N
I T I Y P D I T P E A Y Y T D F V S D F Q S R S G
E U R M Q R H I H S L Z I F I U P O T W S C S L A
S Z R J U G B Q L Z G E N D T R V D E I R R U C S
N B A B S A G C R Y I N G M O X E N W L G I N A B
F O C N S Y M U L T I P L Y I N G R Y T G H G M Z
V O K E B H D Z S R Z Y I C Z G N I Y F I L A U Q
Y W I J I T H U R R Y I N G X I C J U W X R H A A
L R P T I D Y I N G Y O X K W G N I Y F S I T A S
C A B E Q U A L I F I E S W Y O J V T X I Y I Z M
```

ANOTHER VERB HUNT

Since Tillie had so much fun with the first hunt, she asked Tweezle to make up a second one for her. This time Tweezle has hidden verbs ending in -e. When Tillie finds each word, she must add the suffixes -ed, -ing, and -s to each word. Tillie remembers the rule for adding suffixes to words which end in -e: Drop the final -e before adding a suffix that begins with a vowel. First, fill in the chart by adding each suffix. Then, fill in the blanks to complete each sentence correctly.

	-ed	-ing	-s
arrive			
prepare			
owe			
raise			
share			
nibble			
slice			

1. Yesterday, Mark _____ his toys with Paul.
2. Elaine _____ at school on time every day last week.
3. Linda always _____ her hand before asking a question.
4. Mr. Murray _____ me five dollars for mowing his lawn.
5. I am _____ breakfast for our family.
6. The baby rabbit _____ on small pieces of lettuce.
7. Mr. Atlantic, the butcher, is always careful while he is _____ cold cuts on the electric machine.

ANOTHER VERB HUNT WORD HUNT

Can you find the verb forms you wrote hidden in the puzzle? Look across, down, and diagonally for each word. The words may be hidden forward or backward.

```
P A E R K R Z J Q N S T T F U I E A M V
F R N L S T P K G I L R R J S T L R U U
T R E M B L E S M B I E A W E K S R D E
N I O P M V U N W B C M M I S T N I L C
I B V M A S B J R L E B B P A N I V A E
B E U I L R W V A E S L G E W O W I N G
B S U B A M E T I D U E N S H F R N Q Y
L R T B O W E D S C F D I X G Z Y G H E
E T E L I L R L E I O J L U S I N G K Z
S R A I S E D B S M P A B E H V W I R Q
S S H A M I N G M R B Y B S E V I R R A
H K D I B Q O F E A E N I A S E V I R A
A G N A B B L E S I B D N S L I C E D S
R N P J S P D O R S H A R I N G B P O G
E I N P R E P A R I N G W A G D A O O C
D P O S V C H Q Y N A U M I N G B W D B
A I D I R L X B L G C G N I L B M E R T
J W R K U S E D R G N I C I L S A S M P
I R O M E I N S H A R E S H Y S Z G H N
A M F L P R E P A R E S T W I P E D E X
```

MOVING RIGHT ALONG (Dictionary needed)

As Tweezle, Tillie, and Birdseye are strolling through the forest, they are playing a game with words that are about movement. Help them complete each sentence below by using the words under the Word Hunt puzzle. Each word may be used only one time and may not be changed in any way. Use a dictionary to help you with the meanings of the words.

1. Each December, I _____ down the street looking at all of the beautiful window decorations.

2. As the music began and the lights dimmed, elephants _____ into the middle ring of the circus tent.

3. The kite is _____ through the air with the aid of the summer breezes.

4. The show horse _____ around the ring.

5. Each fall the northern birds _____ to southern regions.

6. The ocean liner is _____ the Mediterranean Sea.

7. The nomads _____ the desert by camel.

8. The snakes _____ up the tree trunk.

9. I stopped pedaling and _____ down the hill.

10. The speeding car was _____ on the icy streets.

11. The submarine _____ in the harbor.

MOVING RIGHT ALONG WORD HUNT

Can you find the verbs listed below hidden in the puzzle? Look across, down, and diagonally for each word. The words may be hidden forward or backward.

```
O T S U B M E R G E S T S C O A S T S A
M E A N T E R S E E T A R G I M H R L M
C N S U B M E R G T C R U I S E U A U B
A T U T E L W A C A N T E R O F F V M L
R R R E R O N C A R E E N I N G F E B I
E A G S L U M B E R U N I N G N L R E N
E V I R O N T E S G L I D E D I E S R G
N E N E N T E T L O N T S O U D D I E F
O R G T I N G N I S T R U I N I E N D L
S D O N E A N D T N S U R G N L N F U O
T S E A M E I E H O G F F L E G O N D U
R L E C O A T R E A M B L I N G A M E N
U I N T N S S H R S E L F F U H S B T C
T T S U B U A T E L S H U F F L E T S I
I H F F L R O I D T R A V E R S E L A N
N E N O N G C L A E C H U O L F I N O G
G R O W L E E S F M E R G E S B O R C E
O M E A N D E R S T R V T T E D M A N T
C A N T O R E D O N E L W A R C E A F F
K S H U F F L I N G L V M B E R I N G O
```

AMBLE	LUMBERED
CANTERS	MIGRATE
CAREENING	SLITHERED
COASTED	SUBMERGES
CRUISING	TRAVERSE
GLIDING	

PREFIX POWER (Dictionary needed)

Tillie is teaching Tweezle about prefixes. A prefix is a group of letters placed at the beginning of a word that usually changes the meaning of the word. In the chart below are the prefixes that Tweezle is learning, with an explanation of what they mean.

dis- means *the opposite of* or *not*
un- means *not*
pre- means *before*
re- means *back* or *again*

Read the sentences below. In each sentence, the verb is in parentheses. Add one of the prefixes to the verb and write the new verb on the line to complete each sentence correctly. (Check the dictionary if you're not sure about the right prefix to add.) The first one is done for you.

1. Our teacher suggested that we (read) _____ the story so that we would be able to answer the questions correctly.

2. Mother could not (lock) _____ the door because she was carrying two bags of groceries.

3. The acrobat had an accident, and was (able) _____ to perform for the audience at the circus.

4. I must (trace) _____ my steps to find the wallet I lost.

5. The magician told the audience that he would make this small rabbit (appear) _____ .

6. A month before they left for the trip, Margaret and Edith (paid) _____ the cost of their vacation to Europe.

7. I (like) _____ vegetable soup, liver, and beets.

PREFIX POWER WORD HUNT

Can you find the verbs you wrote in the sentences hidden in the puzzle? Look across, down, and diagonally for each word. The words may be hidden forward or backward.

```
P J D I S M O U N T U N U P A Y D P J R
A R E R E E B O R D N N N R P I I R U E
P R E F U M D O E I A P L E S P S E N C
U N D P A C K E R S D R O A E E N S L O
R E U N A D L E E M L E P V B R O K O U
X D N U F I D I E O L P E B A E U R C M
R E N E M D D S D U E I D L R N M I K T
D I S A R D A B E A W E I E A E T B L R
R E F U N B E L R E N A P O R W K E I E
O M I U N P A K R E P A I D J E N E R I
F S F A B L E P R E V I E W P A I D E R
E E U P R E S C R I B E E E T R A C E A
R E N R E K P P A S I D P K E L B A N U
S T L E K O U N D O I R E I K A C N U N
D N O P O A S I D R E C A L D I S S A L
N U O A U P R E C E A P A S I D I S B O
O O K Y N N A S E R P A S I D J A Y I A
F C E I T U E B T P R E P D U N P A K D
E E R N P R V E C R E R E A D P R E P A
R R P G P D R D I S N O U N T R E N I R
```

HOMOPHONES (Dictionary needed)

Tillie and Tweezle like to learn about things that seem alike but are really different. *Homophones* are words that sound the same but are spelled differently and mean different things. Use the dictionary to find the meanings of the two homophones in each sentence below. Then circle the word that completes each sentence correctly.

1. Birds (sore, soar) through the air.
2. The old wooden steps (creak, creek) loudly when we walk up to the attic.
3. The young child (stairs, stares) at the television set.
4. During the storm, the wind (blew, blue) a big tree down.
5. Mother is trying to (dye, die) my shirt.
6. The burglar tried to (flea, flee) from the police.
7. The dog (buries, berries) his bone in the backyard.
8. We (flue, flew) to Portland to visit grandfather.
9. Rusty (wears, wares) a new outfit to start each school year.
10. The doctor said that time will (heel, heal) my broken toe.
11. Father (herd, heard) the baby cry and ran into her room.
12. Julie will (male, mail) the invitations for the party today.
13. The boy (hauls, halls) the heavy load in his wagon.
14. When you (pore, pour) the milk be careful not to spill it.
15. Father has (throne, thrown) away my lucky sneakers.

HOMOPHONES WORD HUNT

The verbs you circled have been hidden in the puzzle. Can you find them? Look across, down, and diagonally for each word. The words may be hidden forward or backward.

```
F L E A T S I T E B E R R I E S I T M E
S A D I E T E M A I L O B L U E T U E T
O N S C R E E K L E A H E A E E L F A H
R E N O B N E N T O M A A L O V Y E T R
E A T U A B E E T N U E T W I T D B O
S T E N T R F L U E E L L B E R B F L N
T E S T A I R S F L A S F R A H I L Y E
E I G H T R A I N H E R D O R O F T T N
M F A I R A W E I T E M E T S A A E E I
O O B U R I E S W A W A R E S R R T W G
R C E N T E N D B H E E L O T S E A E H
N S I G H T K R R I G H T L N E S E I T
I T E P O R E S E A L T E E M A L B G L
N R N O R A L C E N E H O R S E L O H E
G U T L B O B E T E F H O N K R A N T A
A O T E F L O N T H R O W N R A H A V S
O P E E P T E T K N I G H T S S E L F E
S A O R A M T W E L F L E U S T A R E S
I T E N M O U R N I N G L O W T T O C N
T E A M W H O L E N R E I G N R E N T O
```

IT'S IN THE PAST

Tillie and Tweezle have a machine that will turn present-tense verbs into past-tense verbs. Each sentence below needs a past-tense verb. Circle the verb that correctly completes each sentence.

1. Last year, we (begin, began) our vacation on a Monday.
2. Jean (choose, chose) a watch for Terry's present.
3. My lamp (broke, broken) when it fell off the shelf.
4. I have (did, done) all of my homework.
5. The building was (build, built) ten years ago.
6. We (go, went) to the movies last night.
7. The puppy (ate, eaten) all of the food we left for her.
8. Terri (tell, told) Susan what happened in school.
9. Thomas (leave, left) the meeting early because he was ill.
10. My brother (make, made) chicken for dinner last night.
11. I (rode, ridden) my bicycle six miles yesterday.
12. I (wrote, written) a letter to thank them for the check.
13. Elaine (took, taken) her radio to be repaired.
14. I (bring, brought) seven young trees home from the nursery and planted them in my garden.
15. Yesterday I (taught, teach) Toby how to bake a cake.

IT'S IN THE PAST WORD HUNT

Can you find the verbs you circled hidden in the puzzle? Look across, down, and diagonally for each word. The words may be hidden forward or backward.

```
Z T R I D E N M A I D O O L L E D G O T
S A Y E I G H T B E G I N O T E L L S N
F I B R O K E N W R I T T E N L T O O K
R A T E D C H O O S E C N A E D A M Z N
O H S C W S E E N Q S H O N E P K E T E
Z N H O E N C A B U I L D N T E E W B W
E E I M N O T H T S C E N E A Z N E R O
F E N E T T M A K E O T H R E G W R O R
E D E T L E A V E N N L R I N G E G U S
L O B E E G A N K N D I D N U G E B G T
L R I D E D O C E P S U N G R I S E H N
T E A C H O L G A V E B E T H G U A T G
A U G N T B R O K E T E A C H E D O Z N
T O R K E L L Y T E V I G Z E N O D N W
E R O C B O U G H T E S F R E E Z E K O
K I W K H T B R I N G C A M E F E L R N
E L N E T O R W V E G R O W R O S E A K
N H A V E V S Y O V L E F T L E I N N Y
J N O W H A D E S I A D B E E T O R G O
S A T S P E A K E G L I V F E L T T Z U
```

HOW DO YOU RATE?

Tillie and Tweezle keep in shape by exercising with verb forms. Let's see if you are as good as they are. Write the correct verb form for each sentence. There are key words in each sentence to help you.

1. Saturdays, Sarah usually _____ to mow the lawn.
   decide

2. When Jim _____ the kitten, the kitten purrs.
   stroke

3. We are _____ for a big history test.
   study

4. Last year, I _____ 200 dollars to charity.
   donate

5. My brother _____ me a new tennis racket last week.
   give

6. The weight lifter _____ to lift 450 pounds.
   try

7. Yesterday during the fire drill, I _____ how to get the
   know
   people out of the building quickly and safely.

8. Susan is _____ a complicated math problem.
   solve

9. I surprised my parents and _____ eggs for breakfast.
   fry

10. Father has _____ to me often about cleaning my room.
    speak

11. The pond behind our house _____ last winter.
    freeze

12. Each night, grandmother _____ a glass of warm milk.
    drink

13. I washed my new jeans, and they _____ .
    fade

14. We have a machine that _____ our drinking water.
    purify

HOW DO YOU RATE? WORD HUNT

Can you find the verbs you used in the sentences hidden in the puzzle? Look across, down, and diagonally for each word. The words may be hidden forward or backward.

```
T S T U D I E S S O L B E D R E A L I N
A P P L I N G I O S P E A K E N Z I D D
T S O L V E I N G R R Y D E D A F N E E
A P P Y E I N G Z F R E E Z E T E G C Y
N E W O V A G I N R O D E C I D E D I D
D R A N K E W N T O F R I E S Z E F D U
G G F A D E N G A Z E U G I V E G A E T
N A O Z E K N E W E T N K N O W N D S S
I V R U R I F Y I N G G O D I V I E A N
Y E U R F S E K O R T S L I V V Y I N G
R O S D O N A T O D R U N K I N L G N S
T R Y E G I V E N E S T R I E S P O A P
F I D O I L D E I R T S T U D Y P O S O
A D O D V F P U R I F Y E F A D A Z E K
D D N E I R I S P Z E C H Y R T Z E T E
O E E T N O D R I N K S O D R I N K E D
D O N A T I N G U S P E A K B R E A K D
T R O N E Z E F R P F R E E Z E N D T I
S T R O K E K O R T S T U D Y I N G S N
I D E D S O L V E I N G D E C I D E D G
```

BEAT THE CLOCK

Tillie has given Tweezle a group of sentences in which the verb has been left out. Tweezle is trying to insert the correct verb form in each sentence before Tillie's timer rings. Help Tweezle by completing each sentence correctly. Write the correct verb form on the line.

1. When we went to the circus, the clown _____ six bottles.
   _{juggle}
2. Alice _____ when her son drives the family car.
   _{worry}
3. Carl was _____ on the phone when the doorbell rang.
   _{talk}
4. We _____ a beach house every summer with our neighbors.
   _{share}
5. The architect is _____ a new house for the young couple.
   _{design}
6. During the storm the baby woke up and _____ loudly.
   _{cry}
7. The secretary types each morning and _____ each afternoon.
   _{file}
8. The friends _____ about who was able to run the fastest.
   _{quarrel}
9. Grandmother is _____ me a ski sweater.
   _{knit}
10. When I _____ my little brother, I usually get in trouble.
    _{tease}
11. Dark material _____ heat from the sun, while light material reflects heat.
    _{absorb}
12. Jeff is constantly _____ the sauce until it thickens.
    _{stir}
13. Father has _____ the furniture with slip covers.
    _{cover}

BEAT THE CLOCK WORD HUNT

Can you find the verbs you used in the sentences hidden in the puzzle? Look across, down, and diagonally for each word. The words may be hidden forward or backward.

```
W O R R Y E S U T C S H A R I N G T Z O
O T Q A C H U S H G O N T E N G S H C N
R U J U G G L E D C O V E R I N S O R E
K N I T A N G D E S I G E N E D E N I T
S A B S O R B C O V E R E R T I L T E D
C T O T G O R O C R Y W Z Z E T I N D T
H A T A K N I E S W O R O Y E D F I N I
O L F I L E I Q L A R E L R N A G N I N
R K O W O R R N A E A L T C R Y I N G K
F I L I N G A O G S D I R S O I S U O G
Q N G T A L K S T I R I N G T S E T A N
U G N Q U E T L A B S O R B S Z N S T I
A T I N U S H A R T O E F D B L T Z E L
R S R Q U A R E L O A D D E S I G N W G
R R R U T E R O J U G G L E S T G R E G
A E I R O T E R T E E S E K N I T O R U
L V T R E C O V E R I N G E R A H S H J
O O S W O R R Y M L S T I R E D R O T E
S C R E A G N I T T I N K O T R O W N G
T E A S E N G A B S O R B E D A W N E G
```

WHAT'S COOKING? (Dictionary needed)

Tweezle and Tillie are trying to follow a cookbook's recipes for a surprise dinner. They have found many interesting cooking verbs. Help them complete each sentence below by using the words under the Word Hunt puzzle. Each word may be used only once and may not be changed in any way. Use a dictionary to help you with the meanings of the words.

1. The baker always _____ the dough with his hands.
2. Mother will _____ the steak in wine sauce to make it tender.
3. Sam always _____ vegetables instead of boiling them.
4. The baker _____ the flour to break up the lumps.
5. Enid _____ the milk when making hot chocolate.
6. Morgan _____ the turkey with juices from the pan.
7. I _____ the salad to help Father prepare dinner.
8. I was _____ the onions, because the recipe called for very small pieces.
9. I _____ the carrots into shreds to bake a carrot cake.
10. The pastry chef is vigorously _____ the sweet cream to make topping for the cake.
11. I will _____ the vegetables into cubes while Mother cuts the meat into chunks.
12. When we camp, we _____ marshmallows over the open fire.

Personally, my favorite verb is eat!

WHAT'S COOKING? WORD HUNT

The words listed below are verbs that relate to cooking. Can you find them in the puzzle? Look across, down, and diagonally for each word. The words may be hidden forward or backward.

```
M A R I N E A T E S I F K N E E D S O S
E T A T O S S O L E M I N C E I N G I C
P A R A B O I L E D R A S I F T I N G A
O S C O L D S B O I L S R A T S A O T L
W H I P I N G I G O N B A I S T E S O D
E R E S I F T E D N T O S T N E V E R I
R D S A U T E E S O I S E A M A T E G N
G R E A T E D S T E A P L E C E T N R G
A F O L D B O I T A R A P O D I Z E A B
C A T O I S S D A E N K C I E C L P T L
R G N I P O N D E T A S R K H A E P E A
E B A I S P B S I F T M I N C W D S D N
A R E N E A R E T F I S S N O N G A C
M D R E T P P I A L E S S O A M P O T H
S I P P S I O L P P I T D E L I O B E I
Z C O P A K N E A D T E B R B R A T D N
R E A D B A I S T E S A E E M S T E M G
W H I P P I N T A S N M T S D L A C S S
S S O M I N C I N G U S M A R I N A T O
B L A N D H G N I P P I H T S A L D S S
```

BASTES	SCALDS
DICE	SIFTED
GRATED	STEAMS
KNEADS	TOAST
MARINATE	TOSS
MINCING	WHIPPING

WORD MAGICIAN

Tillie and Tweezle are playing "Word Magician." Tweezle hands Tillie an adjective. Tillie waves her magic wand over it and changes it into an adverb. You can change the adjectives below into adverbs by adding the suffix -ly. (Remember: To add -ly to words that end in a consonant and -y, you first must change the ending -y to -i.) Change all the adjectives below to adverbs, then complete the sentences with the correct adverbs.

angry _____   lucky _____

hasty _____   steady _____

hungry _____   weary _____

lazy _____

1. I dropped a dish, but _____, it did not break.

2. The little puppy saw me eating an apple and _____ begged for some.

3. After a hard day in school, I came _____ home and took a nap.

4. Lin worked _____ without resting until the job was done.

5. Because he was in such a hurry, Charles painted the bathroom _____ and dripped paint all over the floor.

6. While Jenny did all the cleaning for the party, I sat _____ in my room reading.

7. I had an argument with my best friend and _____ said things I really did not mean.

WORD MAGICIAN WORD HUNT

Can you find the adverbs you used in the sentences hidden in the puzzle? Look across, down, and diagonally for each word. The words may be hidden forward or backward.

```
L A Z Y L Y A H A P P Y L Y W E A R Y L
U S B H U N G R Y L Y E A S I L Y Z L Y
C T U A U T A S T Y S A V E B U S Y L Y
K E S P A N G R I L Y C R A Z Y Y L U R
Y A Y I H U G H O S T L Y L R U E E
L D O L L N U R E A D Y I Z O M U C K A
Y L Y Y S P E A I Y L Y T S A H W K I D
L Y L T S P E E D L Y U C K U C E I N I
Y E I E T N E R I L Y D E T S B A L Y L
R O R T E N D E A S Y L Y O Y L R Y L Y
G Y A H A Z Y L Y L I P P A H A U E P I
N T E I D A Z Y A V E N Y O N O L C O C
A S W E A R Y L L Z R E A L E G Y Z K Y
H A Z I L Y C R Y I Y E Y H I T R A E T
E T A N G R Y R D P D L A L A Z Y E L Y
A H A P P Y L N A B O A Y D I S A Y L E
V Z H U N G R Y E Z O N E O I L T R O Y
I L Y L I Z A L S Y D A E T S L D I C E
L B U S Y O H E A V Y L I T S A T A L E
Y S P E E D I L Y H A P P Y L Y E K O Y
```

22

FIRE! FIRE!

Tweezle and Tillie are writing a story for the school newspaper. They need help with their story. First, help them make the adjectives on the chart into adverbs by adding -ly. (Remember: When a word ends in silent -e, do *not* drop the -e when adding a suffix that begins with a consonant.) Then fill in the blanks in the story to complete it correctly.

brave	_____	immediate	_____
close	_____	polite	_____
complete	_____	safe	_____
fortunate	_____	severe	_____

The fire bell rang at the firehouse. The fire fighters prepared themselves _____ and arrived at the fire in record time. Some of them set up the equipment while others ran _____ into the burning building to bring everyone out _____ .

The police worked very _____ with the fire fighters to keep the people out of their way. The police sternly but _____ asked people to stay behind the ropes. The ambulance and the paramedics were also on the scene of the fire. _____ their services were not needed because no one was hurt.

After the fire was _____ out, the fire fighters gathered their equipment and went back to the fire station. The police took down the ropes. The only evidence of trouble was the _____ burned out top floor of the building, and the water in the street.

Name _____

FIRE! FIRE! WORD HUNT

Can you find the adverbs you used in the story hidden in the puzzle? Look across, down, and diagonally for each word. The words may be hidden forward or backward.

```
F O R T U N A T E E T R E M L Y F O R T
Y L E R E V E S X T X C O W I D E L Y U
A M S A F T Y S U R E T Y P O L I T E Y
R M F B R A V L Y Z E E R A R E L Y O L
C E C O D E N S E L Y L A E X T R E M E
O D O R R E M E R T X E R O M A N C C F
L I F O R T U N A T A L Y Y L E D E O E
L A R A R S U R L Y E I L E S O L C M S
E T R U E F I N E L Y N D O R E T Y P N
C L Y I C E L Y A L E Y L E F A S O L O
T Y L O R Y E L S T A T L Y M T E L E Y
I S E V E L Y L E T E I D E M M I Z T L
V I S U R E L Y I M M L Y L E N I F E U
E C O A C T I V E L Y O Y P O L I T L R
L K L O W I S E L Y E Y L E T A T S Y T
Y L C L Y L E V A R G E O Y L E U R T E
E Y A T C O T I M U L T I M A T E L Y P
R E C O M P L E T L Y N I C E E L Y R E
S T R A N G E L Y B Y L E V A R B S E P
R A D E Q U A T E L Y E X T R E M E Y L
```

JUGGLING ADVERBS

Tweezle has made up a juggling game for Tillie. Help Tillie complete the sentences by using the adjectives on the balls and changing them into adverbs by adding the suffix -ly.

1. In order not to wake the baby, Julie tiptoed _____ into the room.

2. Mark _____ displayed his spelling award on the bulletin board in his room.

3. The circus performer _____ walked across the tightrope which was 100 feet above the audience.

4. After walking for hours, Sue _____ reached the top of the mountain.

5. Mae counted _____ twenty-two dollars and sixty-two cents in her piggy bank.

6. To avoid an accident, Anne drove _____ on the slippery road.

7. Tim speaks so _____ that the teacher sometimes cannot hear him.

8. The man did not speak much English, and I could _____ understand what he was saying.

9. We _____ eat supper at 6:00 P.M.

10. Fred was _____ surprised when he opened his present.

25

JUGGLING ADVERBS WORD HUNT

Can you find the adverbs you used in the sentences hidden in the puzzle? Look across, down, and diagonally for each word. The words may be hidden forward or backward.

```
S Y L L U F R A C P Q P S L U A C X Y A
O U J U E L L Y A L U L A N S S A E L P
F E E Q X C I S U E I E F A U F U X D R
T X X U U F M O T A T A T B A I T A N O
E A E I W I O F I S E S L S L N I Y A U
L C C E T N E E S I F A Y A U A A L H D
E T T B I L L T H N I N T F L S O D P L
Y L L F E R A C L G N T F E Y L U R R Y
E Q T S A E T L Y Y A L O L H Y S A O D
X U N C A U T E O U S Y S Y T F L H O E
A I A P L E S A N T A U O J I I A O V T
C T S O F T L Y L L O L A N I R Y S L E
T E A E L A U Q U I C K I Y D E T L Y I
L L E X A L L A T A E L B Y L L A U S U
Y Y L A U S U U Y L L T I Y L B O R P Q
I O P C B U A F B Y I L S A R T X E U E
U U R T R C A R E F U L L Y C E L I Y N
P L E A S E N T L Y A E X Y L L A N I F
```

FIX THE ADVERBS (Dictionary needed)

Tweezle and Tillie like to fix things. They have found some adverbs whose prefixes have broken off. They're trying to attach the prefixes *im-* and *in-* to the correct words. Both *im-* and *in-* change the meaning of an adverb to its opposite. Help Tweezle and Tillie complete each sentence by filling in the correct prefix. The first one is done for you. Check the dictionary if you're not sure which prefix to use.

1. The librarian needed the stepladder to get the books which were __*in*__ conveniently placed on the top shelf.

2. We're staying in Alaska ____ definitely.

3. Curtis paced the floor ____ patiently.

4. The dog was taken away from his owner because the man treated him ____ humanely.

5. John listened ____ attentively to the speech and was not able to remember anything the speaker said.

6. The house was ____ perfectly constructed and needed repair.

7. Ron lives in Europe and ____ frequently visits us in America.

8. The letter was ____ properly addressed, and the post office could not deliver it.

9. I did my homework too quickly and answered many of the questions ____ correctly.

10. Our teacher wanted us to do our assignments ____ dependently.

FIX THE ADVERBS WORD HUNT

Can you find the adverbs you used in the sentences hidden in the puzzle? Look across, down, and diagonally for each word. The words may be hidden forward or backward.

```
I M P A T I E N T L Y A B P R O P E R I
M U R I M P R O P E R L Y L O P U M I M
I A T T E N T L V E L Y P O L I L T Y P
M R Y L T N E U Q E R F N I Y F S A I O
P C O N V E N I E N C E S L R V E N J L
U A Y I N D E F I N I T E L Y L E O S I
L C O N V E N I E N T V B L M F I F E T
S I N D U L L S I V I L T Y F R R O C E
I F D H F R E Q U T O N J I P U L S E L
V R E U R E P C N C E M C O R R E C T Y
E E P M E B I E E I T I A T T E N T I V
L Q E A Q U T P N N E N E U Q E R F M I
Y U N N U T E E E N A C C O R R E C T L
P E D L A D V T T Y L A L T C E F R E P
O N A N N N T L Y L L A N O S R E P M I
L T I Y O A Y P A T E N T L Y E S L U P
I Y A C O M P U L Y L T C E R R O C N I
T J N B I N D E P E N D E N T L Y C O B
E I M P E R F E C T L Y P O L I T E L Y
Z Y L L A N O S R E Y L E N A M U H N I
```

ALTOGETHER DIFFERENT (Dictionary needed)

Tillie and Tweezle found a magic mirror that showed opposites. Tillie held up the word LOUDLY in front of the mirror and the word SOFTLY appeared in the mirror. Tweezle held up the word SLOWLY and the word QUICKLY appeared. These opposites are called *antonyms*. Read each sentence below. Look at the words in parentheses. Find a word under the Word Hunt puzzle that is the opposite of each one in parentheses. Write the opposites in the blanks. You might need to look in the dictionary to find out what some of the words mean.

1. During the hurricane, the rain fell (lightly) _____ .

2. The charming host greeted each guest (rudely) _____ .

3. Cathy's baseball uniform fits (tightly) _____ so that she is able to move freely around the field.

4. Susie (selfishly) _____ gave Ann her last piece of gum.

5. The crops died because it had (plentifully) _____ rained.

6. I like freshly squeezed orange juice because it is (artificially) _____ sweet and has no sugar added.

7. The motorist was driving (cautiously) _____ and weaving through the heavy traffic.

8. The ballet dancer performed (awkwardly) _____ .

9. The jet pilot was not able to use the automatic pilot and had to operate the plane (automatically) _____ .

10. The champion swimmer swam (strenuously) _____ through the water.

29

ALTOGETHER DIFFERENT WORD HUNT

The words listed below are adverbs. Can you find them in the puzzle? Look across, down, and diagonally for each word. The words may be hidden forward or backward.

```
S C A R C L Y M A N U A L Y F I N I L Y
H T E M P O R Y L L A R U T A N A B S F
E F E F F O R T Y N E R V O U S T O C I
A Y L M A N U A L L O O S I L Y U L A N
V L G A P G R A C E S L E S S O R D R A
E S E F F O R T L E S S L Y U S T O C I
N U N A G A R C E F U L E S A Y L M E L
L O E N R E C A R G E N A L E S S I L Y
Y E R A A R E T R E C K L S K L E S Y L
E T O T C O Y L S I E T R U O C O U R Y
F R U V E A L S E Y L S U O V R E N A L
F U S R F U L O S I L Y L E S S L R L Y
O O R A U L A D Y M A N U A F U L L Y R
S C A L L Y U L Y L S U O R E N E G N A
E F F Y L E N A T U D A L M E S O O L R
C A R I Y N A R E C K L E S S F I N E O
R O G E N E M A L Y L O O S E L Y N E P
A G N E G E N E R A L Y O B O L D A L M
C H E A V Y L C O U R T E O I S L Y L E
S H Y L Y O N Y L I V A E H N O S I E T
```

COURTEOUSLY LOOSELY
EFFORTLESSLY MANUALLY
GENEROUSLY NATURALLY
GRACEFULLY RECKLESSLY
HEAVILY SCARCELY

NO DIFFERENCE (Dictionary needed)

Tweezle and Tillie love to write stories. To be better story writers they want to learn some new adverbs. Read each sentence below. Look at the words in parentheses. Find a word under the Word Hunt puzzle that is a *synonym* for each one in parentheses. A synonym is a word that means the same, or almost the same, as another word. You might need to use a dictionary to help you with some of the word meanings.

1. School begins at 8:00 A.M. and Geoffrey arrives (punctually) _____ at 7:45 A.M. each day.

2. We plant tulip bulbs in the garden (annually) _____ .

3. Mother was (entirely) _____ disgusted with us when she found that we did not clean our rooms or make our beds.

4. We (generally) _____ go out for dinner on Sundays.

5. Indian people of long ago relied (only) _____ on hunting and farming to provide food.

6. I stated my opinion (briefly) _____ to the class.

7. The (handsomely) _____ dressed couple had their pictures taken before they went to the school dance.

8. The young man (happily) _____ repeated the story to the newspaper reporter about how his child had been saved.

9. The surprise party went (just) _____ as we had planned.

Name _____

NO DIFFERENCE WORD HUNT

The words listed below are adverbs. Can you find them in the puzzle? Look across, down, and diagonally for each word. The words may be hidden forward or backward.

```
P R O G R E S S I V L Y S H I L Y B O L
C O N C I S E Y O Y Y L E S I C E R P D
E P Y E A R Y G L A T T R A C T I V E E
X E R E X A C T G D P R E C I S E I V E
P R N O U N U S V A E A G E R U R E I S
E B R A G G I N G O N T O T A L Y T S U
C R O N C R Z A T T R A C T I V E L Y D
T J L L U N E X P E C T R E A L L Y O D
E O A C T U A S O L L Y O C P R O X Y E
D Y I C O N C I S E L Y N I S X R P L Y
L F B R A G I N G I A C T V A L E T L E
Y U T R A E Y S S I V E L Y N S A N A V
C L R E A L Y L I N Y E L L O O N L U I
O L S E A G E R T G L U L L Y L T O T T
N Y R A G G I N G C L O L Y A E R O C C
S I S T E R E Y L L A T O T E L E R A A
B A S H F U L R U N U X P E R Y L E C R
R O S H Y T O N L E S R E O R L A T O T
U S U A L L T O T Y U N E Y E A R L Y T
G R A T E L Y G R A D U A L L Y O R T A
```

ATTRACTIVELY   SOLELY
JOYFULLY   TOTALLY
CONCISELY   USUALLY
EXACTLY   YEARLY
PRECISELY

COLLECTING ADVERBS

Tillie and Tweezle like to collect adverbs from the books and stories they read. Help them add to their collections by circling all the adverbs in the sentences below. Remember, adverbs modify verbs, adjectives, and other adverbs. They tell *where, when, how,* and *to what extent,* or *how much.*

1. Seymour arrived promptly at 9:00 A.M. for his appointment.
2. Because we are such a large family, we frequently need to go to the market.
3. Yesterday we took a trip to an art museum.
4. Because of the terribly hot weather, our teacher allowed us to stay inside.
5. Henry warned us not to eat too many sweets at the party.
6. We have been looking everywhere for the missing child but have not been able to find him.
7. Jon occasionally drives us to the beach.
8. The detectives searched the house thoroughly for clues.
9. I looked up and down the beach for seashells.
10. Tomorrow we are going to see grandmother, and afterwards we will stop at my cousin's farm.
11. We usually go to the mountains for our vacation, but this year we decided to go elsewhere.
12. I always start my homework before dinner.

COLLECTING ADVERBS WORD HUNT

Can you find the adverbs you circled hidden in the puzzle? Look across, down, and diagonally for each word. The words may be hidden forward or backward.

```
L E L S E W H E R E P R O M T L Y T O T
F R E E Q U E N T L Y Y L B I R R E T O
T O Y L D I D N E L P S Y E S T E R O N
E E T W O N O A Y E S T E R D A Y W M I
R O D O U G W A O L R C H E I F L Y O G
R T A I F T N Y E V H C L E V E P E R H
I O C A S S I O L L Y G Y E E Q U V R T
B T C O D N E D I S C L U E V E R E O O
L H H C R A I L Y Q U M Q O F E R O W U
E R I L A T Y L T P M O R P R E R O A R
L O E V W S E V E R Y O I W E O R L E A
Y U F E R D I S W Y S T U R Q U H O Y E
S G L R E R E O T L U U T E U V E T O W
D H Y A T E R O N L K E C R E C L Y S Y
R L J A F T E R W A R D L H N T E A Y R
A Y E T A B R U T U L Y U Q T O N L A E
W A R T O O M U N S A L L Y L W A A W V
S P L E N D I L Y U R B Y B Y L B R L E
A T A B R U P T L Y U S U A L T R E A T
T O M O R O W V E R E H W Y R E V E W H
```

WHICH IS RIGHT? (Dictionary needed)

Tweezle made a prefix machine. But the machine has put the wrong prefixes on the words. Tillie is trying to help him fix the mistakes the machine has made. You can help them by circling the word which completes each sentence below correctly. The first one has been done for you. Remember that both *dis-* and *un-* mean *not*. You might need to use a dictionary to help you with some of the word meanings.

1. Joey (discourteously, uncourteously) told George to go home and never come back.

2. After losing the game, the team (unhappily, dishappily) walked back to the locker room.

3. Paula spoke (disrespectfully, unrespectfully) to Jim during an argument.

4. The salesperson in the fabric store cut out the material (unevenly, disevenly) and was not able to sell it.

5. The unmannerly child acted (disgracefully, ungracefully) at the dinner table.

6. Harvey (dissuccessfully, unsuccessfully) attempted to ski down the big hill.

7. After our vacation, we were (unpleasantly, displeasantly) surprised to find that our house had been robbed.

8. I (disconsciously, unconsciously) hurt my sister's feelings when I suggested that she should go to exercise class.

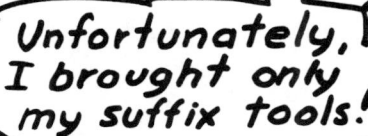

WHICH IS RIGHT? WORD HUNT

Can you find the adverbs you circled hidden in the puzzle? Look across, down, and diagonally for each word. The words may be hidden forward or backward.

```
D U N C L E A R D I S C O U R T E O U S L
I N D U N C O N S C I O U S E R C S I D E
S I S T E R T R Y L T N A S A E L P N U A
C U D I S O R D E R D I S L O Y A L A L Y
R N U C S I P U N P L E A S A N T U N D E
E E V N E N O D I S C O U R T E O U S L Y
E V D I S G R A C E F U L U N D E C I D E
T E I N S U N H A P P Y L Y A S I D E N T
D N S O U N C O M M O N L Y L I R I C O V
I L O U N S U C C E S S F U L T I S N S L
S Y B L D I S R E S P E C T O L E R L Y A
R Y E Y U N C O N S C I O U S L Y E B O L
E L D L D I S C O U S T E O U S L S R E T
S L I L U N P L E A S F N G L Y T P R C S
P U E U N C L A E R L Y U L O Y A E L Y S
U F N F U N P L E A S A T L Y P L C S I N
C N T E D I S A P P O I N T L Y O T D I S
T S H C N N D I S O R D E R L Y Z F U M B
F S O A U N F R I E N D L Y O T Z U N T O
U E U R P O D I S H O N E S T L Y L I Y I
L C S G O P U M T I E D Y L R A E L C N U
L U E S K I I S A P P R O V I N G Y L R A
Y S S I T S A L E D I Y L T N E I D E B O
N N T D I S D A Y I R R E G U L A R L Y N
U N C O N V E N T I O N A L L Y C O N T R
```

SENTENCE CHEST (Dictionary needed)

Tweezle and Tillie have found an old chest up in the attic that has sentences with missing words. Help them complete the sentences by writing in each blank the word that completes it correctly. You might need to use a dictionary to help you with some of the word meanings.

1. We made sure that we locked the door _____ .
   surely   securely

2. The magician made her assistant _____ disappear.
   metallically   mysteriously

3. Mrs. Quick and Mother bought a lawnmower _____ and
   gently   jointly
   planned to share it every weekend.

4. Jerry and Terry settled their argument _____ without hurting each other's feelings.
   peacefully   piercingly

5. Connie was very angry that we didn't mow the lawn and spoke _____ to us.
   heartily   harshly

6. _____ , we are planning a trip to the Rocky Mountains
   Cunningly   Currently
   although our plans may change in July.

7. The artist is able to mold a lump of clay _____ into a beautiful statue.
   skimpily   skillfully

SENTENCE CHEST WORD HUNT

Can you find the adverbs you chose hidden in the puzzle? Look across, down, and diagonally for each word. The words may be hidden forward or backward.

```
S U R E L J O I N T G E N Y L T N E G J
O M P R I N C I P Y L E T A V I R P R C
P N Y P I E C E F U L L Y O L L I K S U
R E S S L Y L Y T S Y M Y S T I C A L N
I R H K T S E C U R L Y S L Y L E C I N
N L A I G E N T L E L Y S H Y E S I W I
C Y R M E P R I V A T L Y E L H T E N N
I T S P N E C I C U R R E N L Y S A N G
P O H F T S H Y O H A R S H U S U S Y P
A R L U L Y L E R U C E S U F L O K L I
L U Y P E A C F U L S R A C E F I I T E
L C L O S E L Y J E L L O R C E R M N R
Y P R I V A T E O O L Y Y E A C E P E C
C U N N I N G L Y T I N R R E A T F R I
H A S T I L Y C C U N N I N P E S U R N
O S K I L L F U L L Y O T O T A Y L U G
M Y S F E R O U S L Y L Y L Z E M L C L
H O P E F U L L Y F U L L Y Y N A Y E Y
O P E C U R R E N Y L L A C I T S Y M O
R E C E N T L Y S U C C E S S F U L L Y
```

A DAY AT THE BEACH (Dictionary needed)

Tillie and Tweezle are at the beach fishing for adverbs. But all they are catching are adjectives that end in -ble. So they decide to change them into adverbs by adding -ly. First, help them by filling in the chart. Remember that when a word ends in -ble, it is necessary to drop the -le before adding -ly. Then, fill in the blanks to complete the sentences correctly. Look up the words you don't know in the dictionary. Each word may be used only one time.

responsible _____   agreeable _____

humble _____   honorable _____

fashionable _____   illegible _____

1. The _____ dressed models paraded up and down the stage showing the latest fall fashions.

2. After being a soldier for twenty-five years, Mel was _____ discharged from the army.

3. My brother showed good judgement and acted _____ when he was put in charge of the store.

4. The doctor wrote so _____ that the pharmacist could not read the prescription.

5. Carol modestly and _____ accepted the award for saving the drowning child.

6. The children _____ discussed what they were going to buy Mother for her birthday.

A DAY AT THE BEACH WORD HUNT

Can you find the adverbs you used in the sentences hidden in the puzzle? Look across, down, and diagonally for each word. The words may be found forward or backward.

```
E M A R K P O S S I B L E L Y P E A C R
R E S P R O F I T A B L Y R E A S O N E
E P O R T L A Y E A G R E E A B L Y L S
S L O T U S V I S I B L Y A D O R E Y P
P E T S O H O N O R A B L E L Y M U H O
E G E R S O R I L L E G I B L E L Y O N
C I N E T I A R E C O G N I Z A B L N S
T B Y L Y L B A N O I H S A F A S H O I
A L L I L Y L L O Y L B A N O S A E R B
B Y B E E L Y T Y O T E M A R K L Y A L
L O I B U L E N Y L B I G E L L I O B E
Y N S L L O Y S O C I A L H E R O Z L L
S U N Y A T E L P R O B A B U L Y T Y Y
I T O N V A U M B L E L Y E T M A R K A
L S P O N S I B L A G R E E A L B Y T E
F A S H I O N L Y L B L E L Y N O L L Y
A T E F A V O R A B H O N O R A B E Y O
S E R C H A N G E A B L R S U I T A B L
H R E M A R K A B L Y O T P O S I B L E
O T R E R E S P O N S I B L E L Y Z T Y
```

ANSWER KEY

DOUBLE TROUBLE
page 1

clipping	clipped	clips
hugging	hugged	hugs
dimming	dimmed	dims
slamming	slammed	slams
gripping	gripped	grips
grinning	grinned	grins
scrubbing	scrubbed	scrubs

1. clipping;   2. slamming;   3. grips;
4. dimmed;   5. scrubbed;   6. hugged;
7. grins.

DOUBLE TROUBLE WORD HUNT
page 2

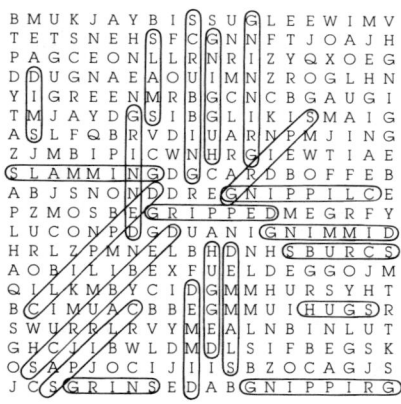

VERB HUNT
page 3

buries	buried	burying
cries	cried	crying
scurries	scurried	scurrying
tidies	tidied	tidying
multiplies	multiplied	multiplying
carries	carried	carrying

1. scurries or scurried;   2. tidied;   3. burying;
4. multiplies;   5. cries;   6. carrying.

VERB HUNT WORD HUNT
page 4

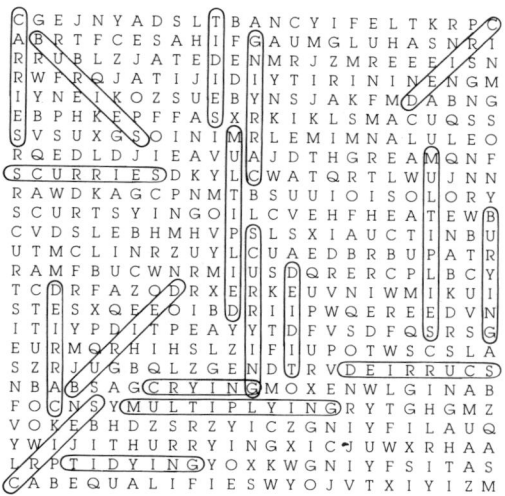

ANOTHER VERB HUNT
page 5

arrived	arriving	arrives
prepared	preparing	prepares
owed	owing	owes
raised	raising	raises
shared	sharing	shares
nibbled	nibbling	nibbles
sliced	slicing	slices

1. shared;   2. arrived;   3. raises;   4. owes;
5. preparing;   6. nibbled or nibbles;   7. slicing.

ANOTHER VERB HUNT WORD HUNT
page 6

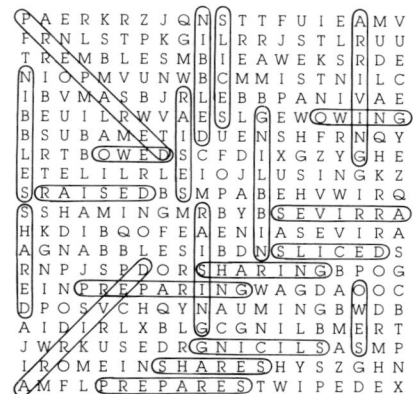

41

MOVING RIGHT ALONG
page 7

1. amble; 2. lumbered; 3. gliding;
4. canters; 5. migrate; 6. cruising;
7. traverse; 8. slithered; 9. coasted;
10. careening; 11. submerges.

MOVING RIGHT ALONG WORD HUNT
page 8

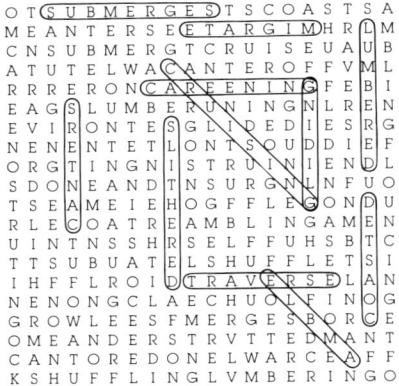

PREFIX POWER
page 9

1. reread; 2. unlock; 3. unable;
4. retrace; 5. disappear; 6. prepaid;
7. dislike.

PREFIX POWER WORD HUNT
page 10

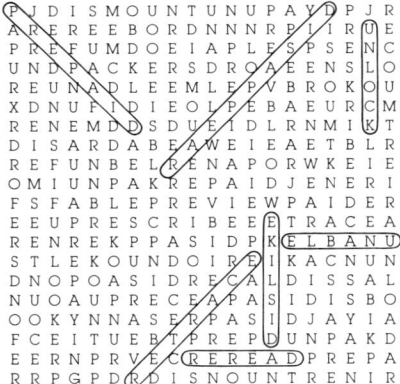

HOMOPHONES
page 11

1. soar; 2. creak; 3. stares; 4. blew;
5. dye; 6. flee; 7. buries; 8. flew;
9. wears; 10. heal; 11. heard; 12. mail;
13. hauls; 14. pour; 15. thrown.

HOMOPHONES WORD HUNT
page 12

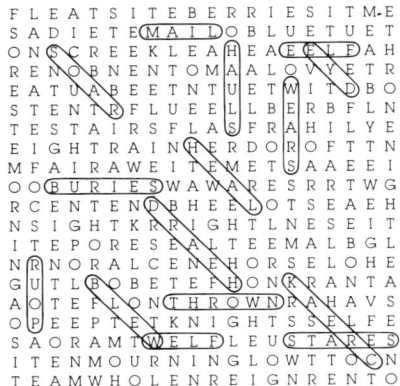

IT'S IN THE PAST
page 13

1. began; 2. chose; 3. broke; 4. done;
5. built; 6. went; 7. ate; 8. told; 9. left;
10. made; 11. rode; 12. wrote; 13. took;
14. brought; 15. taught.

IT'S IN THE PAST WORD HUNT
page 14

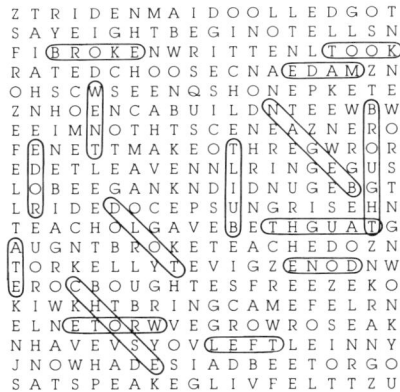

HOW DO YOU RATE?
page 15

1. decides; 2. strokes; 3. studying;
4. donated; 5. gave; 6. tries or tried;
7. knew; 8. solving; 9. fried; 10. spoken;
11. froze; 12. drinks; 13. faded;
14. purifies.

HOW DO YOU RATE? WORD HUNT
page 16

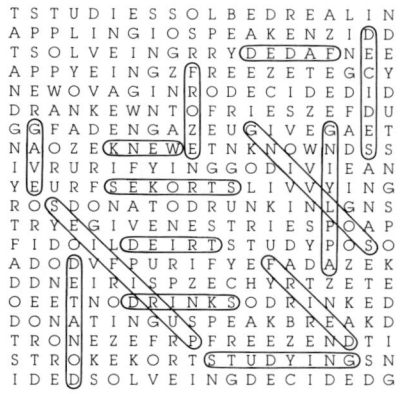

BEAT THE CLOCK
page 17

1. juggled; 2. worries; 3. talking; 4. share;
5. designing; 6. cried; 7. files;
8. quarreled; 9. knitting; 10. tease;
11. absorbs; 12. stirring; 13. covered.

BEAT THE CLOCK WORD HUNT
page 18

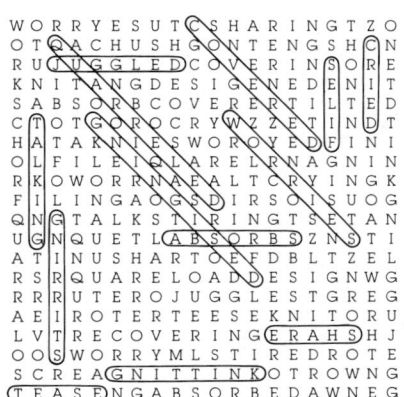

WHAT'S COOKING?
page 19

1. kneads; 2. marinate; 3. steams;
4. sifted; 5. scalds; 6. bastes; 7. toss;
8. mincing; 9. grated; 10. whipping;
11. dice; 12. toast.

WHAT'S COOKING? WORD HUNT
page 20

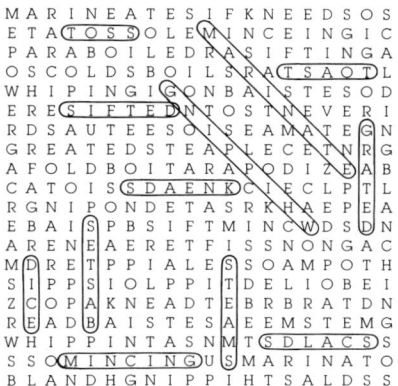

WORD MAGICIAN
page 21

angrily; hastily; hungrily; lazily; luckily;
steadily; wearily.

1. luckily; 2. hungrily; 3. wearily;
4. steadily; 5. hastily; 6. lazily; 7. angrily.

WORD MAGICIAN WORD HUNT
page 22

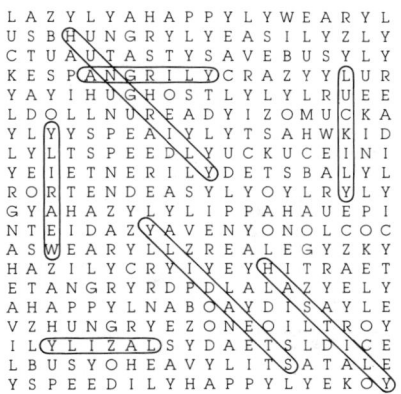

FIRE! FIRE!
page 23

bravely; closely; completely; fortunately; immediately; politely; safely; severely.

immediately; bravely; safely; closely; politely; fortunately; completely; severely.

FIRE! FIRE! WORD HUNT
page 24

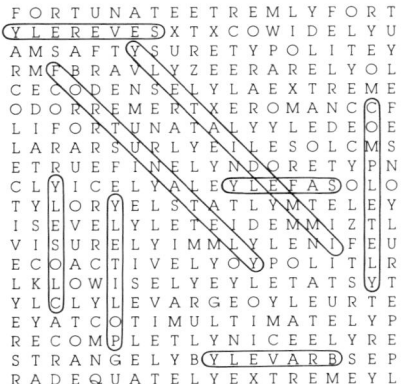

JUGGLING ADVERBS
page 25

1. quietly or softly;   2. proudly;
3. cautiously or carefully;   4. finally;
5. exactly;   6. carefully or cautiously;
7. softly or quietly;   8. hardly;   9. usually;
10. pleasantly.

JUGGLING ADVERBS WORD HUNT
page 26

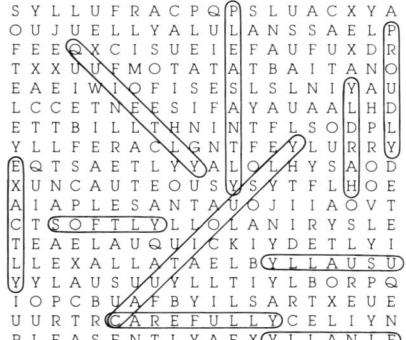

FIX THE ADVERBS
page 27

1. inconveniently;   2. indefinitely;
3. impatiently;   4. inhumanely;
5. inattentively;   6. imperfectly;
7. infrequently;   8. improperly;
9. incorrectly;   10. independently.

FIX THE ADVERBS WORD HUNT
page 28

ALTOGETHER DIFFERENT
page 29

1. heavily;   2. courteously;   3. loosely;
4. generously;   5. scarcely;   6. naturally;
7. recklessly;   8. gracefully;   9. manually;
10. effortlessly.

ALTOGETHER DIFFERENT WORD HUNT
page 30

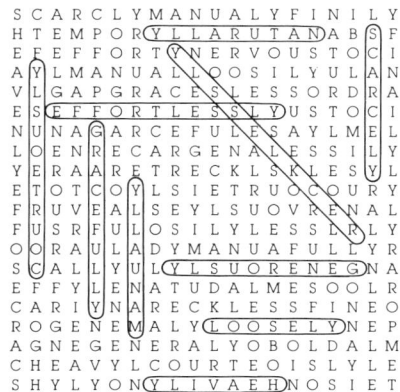

NO DIFFERENCE
page 31

1. precisely;   2. yearly;   3. totally;
4. usually;   5. solely;   6. concisely;
7. attractively;   8. joyfully;   9. exactly.

NO DIFFERENCE WORD HUNT
page 32

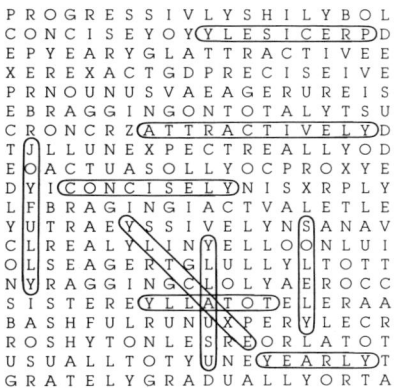

COLLECTING ADVERBS
page 33

1. promptly;   2. such, frequently;
3. yesterday;   4. terribly, inside;   5. not, too;
6. everywhere, not;   7. occasionally;
8. thoroughly;   9. up, down;   10. tomorrow, afterwards;   11. usually, elsewhere;   12. always.

COLLECTING ADVERBS WORD HUNT
page 34

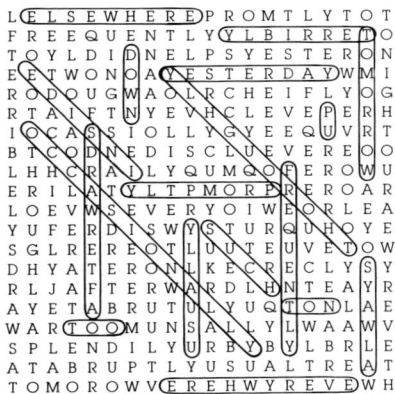

WHICH IS RIGHT?
page 35

1. discourteously;   2. unhappily;
3. disrespectfully;   4. unevenly;
5. disgracefully;   6. unsuccessfully;
7. unpleasantly;   8. unconsciously.

WHICH IS RIGHT? WORD HUNT
page 36

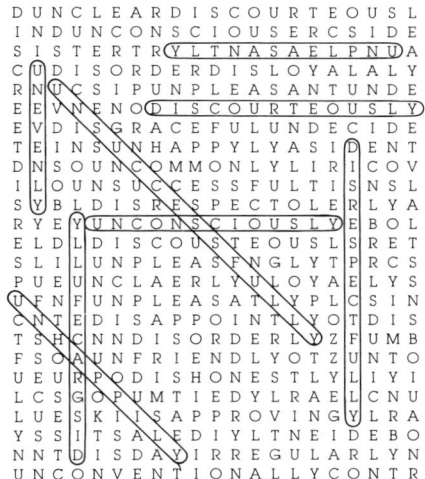

SENTENCE CHEST
page 37

1. securely;   2. mysteriously;   3. jointly;
4. peacefully;   5. harshly;   6. Currently;
7. skillfully.

SENTENCE CHEST WORD HUNT
page 38

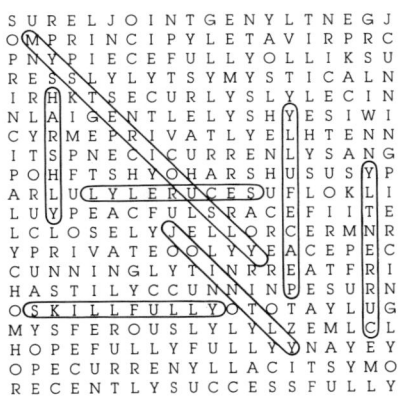

A DAY AT THE BEACH
page 39

responsibly; humbly; fashionably; illegibly; agreeably; honorably.

1. fashionably; 2. honorably; 3. responsibly;
4. illegibly; 5. humbly; 6. agreeably.

A DAY AT THE BEACH WORD HUNT
page 40

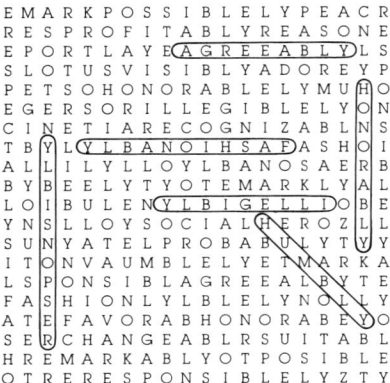